USUAIRE

DE

L'ÉGLISE CATHÉDRALE

DE

DE CHALONS-SUR-MARNE AU XIIIᵉ SIÈCLE

Publié pour la première fois

D'APRÈS LES MANUSCRITS ORIGINAUX

PARIS

H. MENU, libraire, 7, quai Malaquais

1878

Le chapitre de Châlons possède dans ses archives un manuscrit excessivement intéressant pour l'histoire de la liturgie de notre diocèse. C'est un *Usuarium ecclesiæ Cathalaunensis*, manuscrit du xive siècle, écrit en belle écriture, sur deux colonnes, avec lettres ornées, de format petit in-folio, en parchemin : il comprend 194 feuillets se décomposant ainsi . 28 pour les us et coutumes et la rubrique générale ; — 98, pour le Prope du Temps, les Synodes, le lundi après la Saint-Remy ; — 72 pour le Propre des Saints : 4 pour diverses indications.

Monseigneur l'évêque de Châlons possède un manuscrit absolument semblable quant à la rédaction ; seulement il est du xiiie siècle, comme le constatent son écriture, les *e* au pluriel et l'absence de la mention de saint Louis, qui figure dans la copie du chapitre. Il forme un volume petit in-folio en parchemin, de 190 pages, avec lettres ornées, les lignes pleines : il est dans sa vieille reliure en peau de truie, avec cuivre aux angles et un losange au milieu sur chaque face.

Nous avons cru curieux d'analyser exactement ces deux documents, en reproduisant *in-extenso* les passages les plus intéressants seulement.

E. DE BARTHÉLEMY.

Courmelois, 6 décembre 1877.

USUAIRE

DE L'ÉGLISE CATHÉDRALE

DE CHALONS-SUR-MARNE AU XIIIe SIÈCLE

Dans toutes les fêtes doubles, le cérémonial suivant
est observé à la cathédrale de Châlons : Vers la 9^e
heure, les sacristains et les *matricularii* ornaient
l'autel de linges, de cierges et de riches étoffes ; ils
découvraient le tableau et la châsse de saint Alpin,
posaient sur le maître-autel le saint Sacrement et
les reliques avec deux candélabres d'argent. Si
l'évêque était présent, ils préparaient son trône, cou-
vert d'étoffes, à droite, entre l'autel et le chœur.
Toutes les lampes étaient allumées jusqu'à la 3e heure
devant le crucifix, dans la chapelle, dans la crypte,
devant Saint-Jacques et devant Saint-Nicolas. Un
cierge était mis en outre devant le crucifix ; dix cierges sur l'autel et cinq devant. Les cloches étaient
sonnées d'abord deux à deux, puis ensemble et on
allumait les cierges pendant le temps. L'évêque sur
son trône, avec mître, bâton et manteau, entonnait les
vêpres. Le sous-chantre et le chanoine de semaine, en
manteaux, tenaient le chœur, d'autres prêtres ou diacres, désignés par le sous-chantre, le secondaient pour

lés chants, en suivant un ordre arrêté d'avance pour ceux placés à droite et à gauche, et en saluant, à chaque chant nouveau, l'autel. Les vêpres finies, les prêtres et diacres se retirent dans la sacristie ; au commencement de l'hymne, trois chantres, au signe du sous-chantre, vont se revêtir de chappes et reviennent avec trois enfants tenant des encensoirs et se placent devant l'évêque qui entonne l'antienne, puis vient avec eux s'agenouiller devant l'autel ; après une courte prière, il se relève pour, après avoir encensé l'autel, être encensé avec les deux personnages qui l'accompagnent, puis il est ramené à son trône. On va ensuite encenser l'autel de Saint-Memmie et les châsses qui y sont déposées, les fonts et l'armoire aux reliques ; on revient encenser l'évêque, et les personnes du chœur suivant leur rang. Les encensoirs sont alors remis aux enfants qui, à leur tour, encensent les chanoines, chapelains, diacres, sous diacres, vicaires, clercs, puis ils rentrent à la sacristie. L'office terminé, l'évêque, tenant son bâton, ayant remis sa mître à son chapelain, lit l'oraison et deux enfants répondent : *Benedicamus.*

Si la fête double tombe un lundi, l'évêque lit l'oraison. Les vêpres finies, il bénit solennellement le peuple, puis va se déshabiller à la sacristie. On sonne les complies en laissant un assez long intervalle entre les deux coups, pendant lequel les personnes du chœur peuvent vaquer à leurs affaires ; puis on sonne deux gros coups, après lesquels l'évêque, en chape noire, revient à son trône, et l'office commence ; il donne ensuite l'absolution. Le saint-ciboire est placé sans relique sur l'autel, entre deux cierges ; quinze sont disposés autour de l'autel, comme à vêpres, quatorze plus petits sous le portique, entre le chœur et l'autel, douze devant le pupître, devant le crucifix, et deux devant le pupitre du lutrin au milieu du chœur. L'évêque, revêtu de ses habits pontificaux, officie comme à vêpres. A la fin, il lit la dernière leçon en venant au pupitre, et revient à son siége, après quoi on entonne le *Te Deum*, pendant que les grosses cloches sonnent. L'évêque dit la dernière prière, l'oraison des vêpres, et les enfants répondent : *Benedicamus*.

Deux coups séparés annoncent Prime. Après le premier coup, le chapelain de la croix (*capellanus de cruce*) commence sa messe. Celle-ci terminée, le dernier coup est sonné, pendant lequel le ciboire est disposé sur l'autel entre deux cierges, un autre allumé devant le crucifix ; l'évêque, s'il le veut, dit prime comme complies ; l'acolyte dit, debout au pupitre des leçons : *Jube, Domine*. L'enfant de chœur ayant reçu la bénédiction épiscopale, annonce la date du jour, l'âge de la lune et récite le martyrologe du lendemain, et en finissant il ne dit pas : *Et autem*, mais : *Et aliorum plurimorum sanctorum martyrum et confessorum et virginum*. L'évêque répond : *Isti atque omnes sancti, justi et electi Dei intercedant*, etc., à moins d'autre indication spéciale. Après le *Benedicamus*, l'acolyte fait une lecture à son choix et après le *Et autem* final, s'il y a un anniversaire, il l'annonce, ét on récite le *De Profundis* et la prière habituelle. Il est à noter que, à l'exception de la première oraison, tout cela peut se passer dans le chapitre, si telle est la volonté du Doyen.

Entre prime et tierce, on chante la messe à l'autel des vicaires où sont allumés deux cierges de la communauté ; si c'est pour un anniversaire, le trésorier doit les fournir.

Pendant ce temps, le sacristain en surplis, prépare le maître autel.

Aussitôt après la messe de l'autel des vicaires, on sonne le premier coup de Tierce avec une petite cloche. L'évêque doit assister à la procession de Noël, à la Nativité de saint Etienne, à celle de Saint-Vincent, à Pâques, à la fête de saint Alpin, à la Pentecôte, à l'Invention de saint Etienne, à la Dédicace ; il doit être précédé de cinq diacres, cinq sous-diacres ; de trois seulement pour le jour de saint Alpin.

A toutes les fêtes doubles, l'évêque présent ou absent, l'eau bénite est donnée par le doyen ou le chanoine de semaine, en étole et chappe ; la procession a lieu ensuite en chappe (*cappa de pallio*) durant l'été, sans chappe en hiver, les cloches sonnant en volée. Pendant tierce, l'évêque se prépare et on allume 12 cierges sur l'autel, puis tous les personnages du chœur prennent place, la messe commence. L'évêque, accompagné de l'archidiacre, du chapelain, en habits pontificaux, précédé des diacres, lévites, enfants, et portant la croix, les cierges et l'encensoir, se présente à l'introït à l'entrée du chœur. Le diacre de semaine vient l'encenser et lui présente à baiser le livre des Évangiles non ouvert. L'évêque remettant alors sa mitre à l'archidiacre et son bâton au chapelain, dit le *Confiteor*. L'office se continue avec le même cérémonial que nous avons exposé précédemment, sinon qu'on encense en outre l'autel de saint Louis, si les reliques s'y trouvaient.

Pour l'encensement des dignitaires ecclésiastiques, voici l'ordre de présence adopté par l'Église de Châlons : l'archidiacre de Châlons, celui de Perthois, celui d'Astenois, et enfin celui de Vertus ; le doyen, le trésorier, le chantre, le sous-chantre ; — les archidiacres occupant les quatre coins du chœur ; — « archidiaconi autem quasi lapides angulares, per an- « gulas chori quatuor installantur. »

A la fin du *Kyrie*, le choriste dirigeant le chant de la droite du chœur, dépose son bâton et vient indiquer à l'évêque, en chantant, comment il doit entonner le *Gloria*. Après cet hymne, l'évêque dit, en se tournant vers le peuple, mitré, mais sans bâton : *Pax vobis*, puis dit *Oremus*, en se retournant vers l'autel. Après la lecture de l'Epitre par le sous-diacre, celui-ci dépose le livre sur l'autel, puis vient vers l'évêque, baise sa main et reçoit de lui 12 deniers avec sa bénédiction si c'est jour de distribution de deniers. Il se rend ensuite en cérémonie à la sacristie et en rapporte le calice avec les burettes sur l'autel, tandis que les autres sous-diacres les précèdent en portant solennellement des calices vides. Les cloches sonnent alors pendant tout le chant de la séquence et le diacre va lire l'évangile après avoir été béni par l'évêque, précédé de la croix, escorté et encensé, puis le rapporte sur l'autel en le tenant ouvert, les bras levés en l'air. L'évêque entonne alors le *Credo*, après quoi le sous-diacre lui apporte l'Evangile à baiser, et successivement aux dignitaires, prêtres, diacres et sous-diacres. S'il doit y avoir de petites offrandes en deniers, elles appartiennent au chapelain de l'évêque ; et aussi, au trésorier. Si l'évêque n'officie pas, l'offrande appartient aux ministres de l'autel, le prêtre pour deux tiers, le diacre et le sous-diacre pour un tiers, le premier ayant deux parts et le second une. L'évêque, après l'oblation, encense l'autel et est encensé ensuite par le diacre qui soulève l'extrémité de sa chasuble par devant,

L'enfant acolyte, ayant la chappe retroussée, reçoit du diacre la patène en tenant à la main un manipule de soie, et demeure immobile à la place où il y a un lion en mosaïque jusqu'à la fin du canon. Le sous-diacre reprend alors la patène jusqu'au *Pater* et la passe au diacre qui l'a présentée, après cette prière, à l'évêque, en lui baisant le bras et l'épaule. Le diacre ensuite encense l'évêque, les fonts, l'autel Saint-Memmie et l'armoire aux reliques, puis la patène ; sortant alors par la droite du chœur, précédé d'un enfant tenant la navette, il va encenser l'autel Saint-Eustache, près de la crypte, puis celui de Notre-Dame dans cette crypte, puis les autels de Saint-Louis et de la Sainte-Croix ; il revient alors encenser les personnes du chœur. Avant l'*Agnus Dei*, le diacre crie : « Humiliate vos ad benedictionem » ; le chœur répond : « Deo gratias ! » et l'évêque avec mitre et bâton se tourne vers le peuple pour le bénir. Après l'*Ite missa est*, l'évêque vient déposer à la sacristie ses vêtements pontificaux, et rentre au chœur pour assister à Sexte, entonné par le doyen ou par le semainier. Les autres offices ont lieu avec le même cérémonial. Dans toutes les fêtes doubles si l'évêque n'entonne pas, le doyen ou le semainier le remplace.

Ordo in tertiis dupplicibus.

Le premier coup de vêpres est sonné avec deux cloches ensemble et avec les autres cloches alternativement pour les quatre autres coups, le dernier avec la plus grosse cloche agitée par intervalle, puis réunie aux autres pour achever. On allume cinq cierges ; le livre saint est posé sur l'autel découvert et le semainier dit les vêpres, le chœur tenu par les choristes semainiers sans chappe, avec deux sous-diacres. A complies, le premier coup est sonné avec une petite cloche, le second avec une plus grande. A matines, sonnerie comme aux premières vêpres et deux sous-diacres chantent alternativement. A prime, premier coup comme à l'ordinaire, le dernier avec deux des grosses cloches ; le diacre entonne l'hymne comme aux autres messes. Toutes les cloches sonnent en branle quand le semainier entre au chœur pour la messe,

De festis Apostolorum sine tertio dupplice.

Pour les fêtes des Apôtres, non tierces-doubles, le pallium des Apôtres est posé sur l'autel ; pour le reste des cérémonies, comme ci-dessus à peu de différence près. Au commencement du *Te Deum*, on sonne la grosse cloche, sauf de l'octave de Pâques à la Saint-Remy.

De Dominicis diebus.

Aux dimanches ordinaires, les offices se font comme aux fêtes des Apôtres ; on ajoute le mémoire de saint Etienne et de tous les saints. Après le premier coup de tierce, les *matricularii* préparent l'eau bénite avec du sel, au pupitre près le Tombeau, puis ils frappent une des grosses cloches et tous ceux qui doivent assister à la procession se présentent ; le prêtre, en aube et étole, vient faire l'eau bénite et revient à l'autel aspergeant le peuple, puis, à genoux, l'autel ; ensuite les fonts, l'autel de Saint-Memmie, l'armoire aux reliques, les deux côtés du chœur, l'autel de Saint-Louis, et enfin revenant au chœur par la droite, y asperge le peuple. La procession a lieu ensuite autour du chœur ; à ce moment le prêtre, avec un enfant porte-croix, va dire une oraison spéciale dans la salle capitulaire et reprend aussitôt sa place. On s'arrête dans la partie du cloître du côté de l'hôpital, puis encore à l'entrée de l'église ; puis on descend dans la crypte sur la gauche ; les prières terminées, entr'autres l'antiphone de saint Etienne, la procession remonte par la droite et va faire une nouvelle station dans la nef de l'église, devant le crucifix ; et ce pendant, le distributeur de la communauté distribue très dévotement, à chacun des assistants, excepté aux enfants, les deniers, les reliques étant posées sur l'autel de Saint-Louis. La prière terminée, le sous-chantre entonne l'anthiphone : *Salvator mundi*; pendant ce chant, les chanoines offrent les deniers aux reliques et l'on retourne au chœur; on chante tierce et la messe commence immédiatement après.

In festis IX simplicium lectionum.

Pour les fêtes simples, on ne sonne que les cloches petites et moyennes ; la messe est chantée comme **un** dimanche. Si deux fêtes se rencontrent, on fait la principale d'abord et la seconde le lendemain. Dans ce cas, la première aura ses premières vêpres et **pour** secondes vêpres celles de la fête suivante. Les semainiers sont en dalmatiques et tuniques; les prêtres du chœur en chappes.

De octabus sollempnibus et non sollempnibns.

Aux octaves solennelles, on ne sonne les grandes cloches que pour les dimanches ou fêtes tierces-doubles, pendant la Quadragésime et l'Avent.

Ordo vigiliarum et IV temporum.

Aux Vigiles et Quatre-Temps, sonnerie des cloches moyennes ; l'officiant et le choriste en chasubles et chappes noires ; les diacres et sous-diacres en aubes. Nones n'est chanté qu'après le dîner.

De sanctis habentibus tres lectiones.

Officium mortuorum canonicorum.

Si le convoi est prêt pour que la sépulture ait lieu avant le dîner, tout l'office doit être dit avant les obsèques, sauf pendant le carême. Sinon on remettra la cérémonie après vêpres.

On se rend à la maison du défunt processionnellement, toutes les cloches sonnant ; là, le doyen ou le semainier, en étole, dit le *De Profundis*, saluant en encensant et aspergeant le corps, qui est ensuite enlevé par les confrères du même ordre que le mort et porté à l'église, au milieu du chœur, après avoir été reçu par le prêtre à la porte ; le cercueil est déposé sur des tréteaux préparés par la famille du défunt ; après la recommandation, on dit vigiles, les heures, puis la messe, les cloches sonnant toujours. Les religieux de Saint-Memmie, Saint-Pierre, Toussaint, la Trinité et Notre-Dame, doivent assister, en réciprocité de la part des chanoines, à condition d'être prévenus par messager fidèle.

Un triduum commence au jour de la sépulture et se prolonge pendant 30 jours ; il est également observé par les religieux susdits avec réciprocité.

Pendant la messe, à *l'Agnus*, six chanoines de l'ordre du défunt se préparent, en aubes, à porter le corps, un cierge allumé à la main ; on se rend processionnellement au lieu de la sépulture. Si le défunt est prêtre, un calice avec une hostie simple est enfermé dans le cercueil. Le corps mis dans la fosse et béni, on rentre au chœur en chantant le *Miserere*. On va ensuite réciter le *De Profundis* dans la salle capitulaire, et le doyen ordonne à chaque chanoine-prêtre de dire une messe pour le défunt, à chaque chanoine non prêtre un psaume, et on donne lecture du testament du défunt.

De ordine anniversariorum sollempnium.

Aux anniversaires solennels, après les vêpres du jour, les clercs du chœur sonnent les petites cloches, et les *matricularii* les grosses, s'il s'agit d'un anniversaire d'évêque ou pour celui d'une personne pour laquelle on touche une portion. Si l'évêque est inhumé dans l'église, le *pallium* est étendu sur la tombe avec 4 cierges ; on fait de même pour l'obit de Milo de Nogent qui fonda dans la cathédrale quatre chapelains. Les vigiles ont lieu comme pour le corps présent, sauf que les choristes ne sont pas en chappes et restent assis pendant les nocturnes ; les laudes sont remises à matines. Avant la messe, le prêtre en aube et étole fait la recommandation.

De anniversariis non sollempnibus.

Aux anniversaires ordinaires, le prêtre en soutane « in habitu et stola » fait la recommandation dans sa stalle ; la messe est dite à l'autel des vicaires.

De juniori vigilia mortuorum.

Ordo vigiliarum pro defunctis in Quadragesima.

De habitu ecclesiastico deportando.

De Pâques à l'octave de la Pentecôte, aux fêtes à IX leçons, on porte au chœur surplis et rochet ; aux autres jours, le surplis et la chappe, excepté les enfants, qui de Pâques à la vigile de la Toussaint sont en surplis et en aubes.

Des octaves de la Pentecôte à la veille de la Toussaint, à vêpres, pour toutes les fêtes doubles, on doit être au chœur en surplis ; aux jours des fêtes de IX leçons, on peut porter chappe, sauf le prêtre disant les messes, celui qui chante, celui qui lit et le choriste. Les autres jours on peut assister comme on veut.

De la veille de la Toussaint à Pâques, on porte toujours la chappe noire dans l'intérieur de l'église.

Le sacristain est en surplis pour préparer l'autel.

Dans les Doubles, si le choriste doit lire et chanter pour une circonstance urgente, il déposera sa chappe en été seulement.

Les enfants, tête nue, sont à leur siége de chœur ; chaque fois qu'on prononce *Gloria patri*, ils regardent l'autel ; le choriste va faire de même, en inclinant dévotement la tête ; quand il chante, nul ne peut entrer ni sortir du chœur la tête nue ; nul ne peut changer de place, sauf les enfants et les chantres. A vêpres et à matines, et aux heures, après le *Gloria* du premier psaume, nul ne peut plus entrer dans le chœur.

Celui qui stationnera hors du chœur, devra se

dissimuler pour qu'on ne le voye pas du chœur.

Nul, quelque soit sa dignité, ne pourra entrer et sortir du chœur, en passant entre l'autel et le choriste.

Les chanoines ne doivent pas entrer au chapitre, l'office commencé.

Nul, sans l'habit de chœur, à dater du premier coup de prime, ne peut entrer dans l'église jusqu'à l'achèvement de l'office qui doit être dit avant le dîner.

De même pour l'office depuis le premier coup après le dîner jusqu'à la fin des complies. En cas d'inobservation de ces règlements, on sera privé du droit de chœur.

Nul ne peut d'ailleurs prendre place au chœur s'il n'y est autorisé régulièrement.

Nul ne peut, sans habits ecclésiastiques, stationner sur le parvis pendant l'office.

De même en cas de procession générale, pour une cause publique et pour détourner un fléau. A ces processions, toutes les congrégations doivent venir se réunir à la cathédrale pendant la messe.

Pendant le chant de sexte, les porte-croix sont réunis devant l'autel, avec les trois curés de Saint-Alpin, Saint-Germain et de la Trinité, portant des reliques, comme il est dit ailleurs ; puis un des chanoines-prêtres de Saint-Etienne derrière eux en chappe rouge portant le sang de saint Etienne, premier martyr, deux enfants, un porte-croix et un porte-lanterne. Cela disposé, le sous-chantre entonne: *Exurge domine* puis le psaume *Deus auribus*. Il répond *Exurge*; le doyen ou le semainier dit l'oraison : *Parce*. On sort alors par la grande porte qui est devant le jardin épiscopal, en cet ordre : les Frères Mineurs, les Prêcheurs, les Frères de la Trinité ; les chanoines de Saint-Etienne et de la Trinité, de Notre-Dame, de Toussaint, de Saint-Memmie, les moines de Saint-Pierre. On célèbre la messe au lieu fixé ; quand elle est terminée, chaque congrégation retourne directement à la maison.

De receptione Magnatum.

S'il y a procession pour recevoir le roi, un archevêque, un évêque, un légat, les *matricularii* ornent l'église du pallium et de courtines, et le sacristain prépare l'autel comme pour les plus grandes cérémonies, allumant dix cierges autour, deux sur l'autel dans des candélabres d'argent, douze au grand pupitre et les lampes du crucifix ; on prend seulement le reliquaire du sang de Saint-Etienne et la procession se rend à la porte sur la rue, tous en chappes, sauf les Trinitaires, les Prêcheurs, et les Mineurs ; les semainiers sont revêtus des plus beaux ornements ; l'évêque le doyen et le semainier aspergent la personne reçue ; si c'est un archevêque ou un légat, l'aspersoir lui est présenté pour qu'il s'en serve, le semainier l'encense et le sous-diacre lui offre l'Evangile à baiser. Le chantre entonne la réponse *Honor virtus*, et l'on revient au chœur en ramenant la personne à la place réservée

pour elle. Les prières finies, la personne reçue, si elle
est ecclésiastique, bénit le peuple.

Ordo ecclesie catalaunensis de tempore.

Dominica prima in adventu.

Ordo feriarum.

Dominica secunda in adventu.

Dominica tertia.

Dominica quarta.

In vigilia navitatis domini.

De navitate domini.

De Innocentibus.

Ce jour, l'office est chanté par ceux qui ont été ins-
crits sur la table par le procureur des enfants « procu-
rator puerorum ». Pendant les vêpres de Saint-Jean,
les enfants vont chercher l'évêque qui les attend revêtu
des vêtements pontificaux et revient avec eux à l'église
pour le reste de l'office et la bénédiction.

De sancto Thoma martyro.

De Silvestro papa et confratribus.

Dum missa sancti Silvestri cantatur, magister baculi
debet facere tabulam hujus festi et debet scribere in
tabula sua dyaconos et subdyaconos de ecclesia sua,
dyaconos et subdyaconos sancte Trinitatis et beate Marie
de Vallibus, et etiam omnes ecclesias prout sibi ad officium adimplendum. Et dum nona cantatur, magister
baculi convocat fratres suos et clericos et pueros et,

campana capituli pulsata, vadunt omnes in capitulum et ibi eligunt episcopum suum. Quo electo magister baculi incipit : *Te Deum laudamus*. Quod decantendo, suum episcopum ante altare deducunt. Quo finito unus de fatuis dicit versum : A *domino factum est*, et alius fatuus orationem : *pretende domine formulo tuo dexteram cœlestis auxilii ut te toto corde perquirat, et qui digne postulat assequatur per Christum*. Postea duo vel tres de fatuis deducunt episcopum suum ad palatium episcopi, et interim vespera pulsantur prout fatuis placuerit. Tunc magister baculi cum aliis fatuis in capis de pallio cum processione ordinata, cum tribus crucibus, cum duobus cereis et thuribulis et aqua benedicta, pergit ad domum episcopi ad recipiendum episcopum suum. Quo recepto deducunt eum ad ecclesiam decantantes responsum : *descendit*, et stationem ante crucifixum facientes cantant versum : *Tanquam Sponsus*. Quo cantato, intrant chorum cantantes : *Et exunt*. Deinde episcopus stans in scabello cum mitra et baculo incipit vesperas. Quatuor subdyaconi cum baculis tenent chorum, magister baculi et socius ejus chorialis incipit anthyphonam : *Tecum principium*. Toni non finiuntur, durante festo ; psalmum intonant duo fatui ex precepto chorialium ; secundam antyphonam : *redemptionem*, incipiunt alii duo choriales a sinistris et duo fatui ex eorum precepto ad (*sic*) dexteris psalmum intonant, ex precepto chorialium. Incipiunt duo fatui terciam antyphonam et choriales psalmum intonant. Quintam antyphonam a dexteris incipiunt duo fatui et choriales intonant, episcopus dicit capitulum, quatuor subdyaconi quos choriales elegerint cantant responsum ; *Stirps Jesse* in capis de pallio ; magister baculi cum suo socio incipit ymnum : *A solis ortu*, vocibus ad dexteram partem pro versu cantatur prosa : *Tanquam sponsus*. Adhuc. incipit episcopus antyphonam : *Qui de terra est*, et incensat tanquam episcopus cum duobus de majoribus fatuis electis a chorialibus, et cum incensaverit, revertitur ad scabellum, et illi duo fatui incensant episcopum et postea choriales. Deinde reddunt thuribula pueris et illi incensant per chorum Quatuor subdyaconi ex precepto chorialibus cantant : *Benedicatur bene nato*. Nulla sit commemoratio. Prout episcopus dat benedictionem suam ; episcopus cantat completam ex integro, duo subdyaconi incipiunt antyphonas et ymnum, et cantant *Kyrie eleison*, sicut placuerit subdyaconis. Ignitegium (1) pulsatur ad voluntatem magistis baculi, episcopus stans in scabello incipit matinas, ante inviti prosa : *Jubilemus* cantant quatuor subdyaconi. Chorus tenetur sicut in vesperis. In primo numero, antyphona : *Dixit dominus*, psalmus : *quare fremit* ; antyphona : *in sole*, psalmus : *Celi enarrant* ; antyphona : *Elevamini* ; psalmus : *domini est terra* ; prosa pro vesperis : *Tanquam sponsus*. Sex lectiones fiunt de sermone beati Maximi espiscopi, qui sic incipit : *Quanquam non debitem*. Tres de ewangelio, quod est : *Cum consummati essent*. Omnes lectiones legunt subdyaconi

(1) Le couvre-feu.

preter ewangelium quod debet legere ille qui ins-
criptus est ad ewangelium misse. Episcopus legit
nonam cum crucibus, cereis et thuribulis et torchis.
Primum responsum : *quem indistis*, in quo et in
omnibus aliis dicitur : *gloria patri*. Secundum responsum : *Stirps Jesse*; tercium responsum : *sancta et
immaculata*. In secundo numero, antyphona : *specio-
sus*, psalmus : *eructavit*, antyphona : *homo natus est*;
psalmus : *fundamenta*; antyphona : *exultabunt*; psalmus : *cantate*; et prosa *pro versiculo ysaïas*; quar-
tum responsum : *beata et venerabilis*; quintum responsum : *ad nutum*; sextum : *verbum caro*. In tercio
numero, antyphona : *in principio*; psalmus : *dominus
regnavit*; antyphona ; *ante luciferum*; psalmus :
cantate; duo antyphone : *nato domino*; psalmus :
dominus regnat; prosa pro versiculo : *verbum caro*.
Septimum responsum : *benedictus qui venit*; octavum :
nesciens; nonum : *descendit*; tercium, sextum et
nonum responsa reincipiunt choriales si voluerint. *Te
Deum laudamus* incipit episcopus, versiculum : *ante
laudes : Puer natus est nobis*. Quinque antyphone
super laudes : *De admirabile*, et alii quatuor que cantantur ad horas diei; ymnus : *A solis*, prosa per versum : *Benedictus domini*, episcopus incipit ad benedictionem antyphonam : *mirabile*. Quatuor subdyaconi
cantant : *benedicamus verbum patris*. Primam cantat
episcopus ex integro, sicut capitulo in fine cujus dicit :
Tu autem. Postea magister baculi debet audire mar-
rancias suas et recipere emendas secundum judicium

fatuorum. **Postea vadunt ad palatium episcopi cum** processione ordinata, dyacono in dalmatica et subdyacono in tunica existentibus et ibi reincipiunt episcopum suum et cantantes responsum : *descendit*, in ecclesiam deducunt. Si dominica fuerit, processio fit circa claustrum, et intrantes chorum cantant responsum : *verbum caro factum est*; magister baculi dicit versum : *benedictus qui venit*, et episcopus orationem. Postea incipit terciam. Interea presbyter ebdomadarius cum dyacono et subdyacono supradictis preparat se ad missam, et terciam ad dextris (*sic*) duo de fatuis cantant responsum : *puer natus,* cui additur altera sollenpniter ; et duo a sinistris cantant versum : *et filius datus est nobis.* Item a dexteris : *gloria patri;* item a sinistris alii duo versiculum : *verbum caro*, et episcopus orationem ; ad missam chorum tenetur sicut in vesperis. Missa est : *puer natus*; epistola: **appa-** **ruit gloria Dei salvatus.** Gratias, viderunt omnes cantant duo subdyaconi in capis de pallio : *alleluia.* *Multipharie*, cantant illi quos elegerint choriales, sequentia : *Letabundus*, ewangelium : *postquam con-* *summati.* Credo cantatur. Offertur : *Tui sunt celi.* Commemoratio *viderunt*, sexta et nona cantantur sicut fercia, ad ultimas vesperas super psalmos una antyphona, sciliceut; *Tecum principium.* Si autem fiat festum baculi ad voluntatem subdyaconi, dicantur antyphone super psalmos, vel *Tecum principium*, vel *O admirabile*, ymnus *a solis*, prosa *pro versum tan-* *quam sponsus.* Adhuc· antyphona *Magnum heredita-*

rium. Benedicamus cantatur sicut in primis vesperis. Finitis vesperis, succentor et ebdomadarius cum capis de pallio intrant chorum. Et succentor incipit antyphonam des beato Stephano : *O quanta est*. Et dum tonis alternatis cantatur decanus vel ebdomadarius cum alio presbytero incensat, succentor dicit versum : *Ora pro nobis*. Duo dyaconi cantant : *Benedicamus, Congaudeat ecclesia* et duo alii respondent ; postea ulla fit commemoratio.

In octabis domini quando non sit tercium dupplex.

Quand on ne fait pas la fête du bâton (baculi) on fait une tierce-double.

De octabis sancte Stephani.

In natali innocentium.

In Epyphania Domini.

Dominica infra octabam Epyphanye.

In octaba Epiphanye.

Dominica post dictam octabam

Dominicæ secunda, tertia post Epiphanyam.

In septuagesima.

In sexagesima, sabbato ad vespera.

De sabbato in quinquagesima.

Pendant ces quatre jours, à matines et à vêpres, on chante les hymnes des féries et les répons aux heures. La 4e férie *in capite jejunii* après prime un sermon préparé par le doyen, a lieu dans la salle capitulaire ;

après, le doyen en étole, prosterné à son siège dit :
Deus in adjutorium ; les autres chanoines se prosternent de même en chantant le psaume VII, puis ils reçoivent l'absolution. Aussitôt une des grosses cloches sonne trois coups pour annoncer sexte ; à cet appel, le peuple et les pénitents se rassemblent à la cour de l'évêque. Celui-ci en chappe, avec mître et bâton, suivi de ses archidiacres et de ses chapelains, fait un sermon ; il se tourne ensuite vers l'orient e^t donne l'absolution au peuple agenouillé et chantant le psaume VII. Il bénit alors les cendres que doit distribuer le doyen de la chrétienté de Châlons ; les *matricalarii* présentent le livre des collectes, l'étole et l'eau bénite ; l'évêque leur doit un repas pour leur peine. L'évêque donne alors les cendres aux chrétiens. Quand cette cérémonie avait lieu dans la cathédrale, l'évêque ou le doyen en son absence, « publice de ecclesia penitentes ejicit. » La messe commençait immédiatement suivie des vêpres et aussitôt des vêpres des morts, s'il y avait anniversaire ; s'il n'y a pas d'anniversaire, ces vêpres se disaient dans le sanctuaire (sacrarium), et les officiants se rendaient de là, sans chappe, à l'hôpital ; ils lavaient les mains des pauvres, puis le curé lave ses mains et distribue à chaque pauvre un pain en baisant ses mains ; les officiers de l'hôpital leur donne après à boire et à manger. Le clergé se retire alors.

De quartis dominicis in quadragesima.

De Dominica in Passione.

De Dominica in Ramis palmarum.

Pendant la messe chantée après Prime, les chanoines de Toussaint arrivent en procession et se placent à droite dans le chœur, ceux de Notre-Dame et de la Trinité, s'y trouvent déjà. Après la messe, l'officiant en chappe noir, fait l'eau bénite, puis on se rend en procession à Saint-Memmie. Et l'évêque, en mître, bâton et chappe, bénit les rameaux de palme et de verdure ; l'abbé le remplace en cas d'absence. Les chanoines doivent fournir les rameaux. La procession se rend de là à St-Pierre avec les abbés suivant l'évêque, et les chanoines, se placent dans les stalles des moines occupant la droite avec ceux de Toussaint ; ceux de Saint-Memmie et les moines occupent la gauche, les enfants de Saint-Memmie et de Saint-Etienne chantant alternativement. Puis tous se prosternent pour adorer la croix érigée au-dessus de la porte de l'église. Un moine-diacre de Saint-Pierre, en dalmatique avec sa suite encense l'évêque, reçoit sa bénédiction et lit l'évangile : « *Cum appropinquavit Jesus.* L'évêque prononce un sermon et la procession rentre à la cathédrale en chantant.

Feria quinta in parasceve domini.

Pendant les trois derniers jours de la semaine sainte, tous les luminaires étaient éteints pour figurer les ténèbres qui se produisirent à la mort de Notre-Seigneur. A Tierce, tous les ecclésiastiques se prosternent au *Mortem autem cruces.* Après une longue *(diu)* méditation, le doyen ou le chanoine de semaine frappait trois fois avec son livre et l'on rallumait les cierges. Les autres jours, chacun était libre de dire ses heures à sa volonté. L'évêque, suivi de quelques clercs, se rendait pour donner l'absolution publique successivement à Saint-Memmie, à Saint-Pierre-au-Mont, chez les Lépreux, à Toussaint, et rentrait dans son palais. Il se rendait ensuite au chapitre, dont le doyen devait procurer un prédicateur, donnait également l'absolution, passait à l'hôpital des pauvres, y lavait les pieds à quarante d'entre eux, en leur donnant du vin, du pain et des pois.

Les grandes cloches sonnaient pour sexte ; l'évêque venait à la cathédrale avec l'archidiacre et son chapelain, en chappe, montait au grand pupitre, adressait quelques paroles et absolvait le peuple ; descendait vers la porte, parlait aux pénitents et les faisait entrer ; ceux-ci se prosternaient pendant la lecture des Litanies de Jésus, puis les chantres en recevaient à leur tour l'absolution ; puis ils venaient offrir leurs cierges à l'autel de la Sainte-Croix.

Cela fait, l'évêque, en costume pontifical, approchait du maître-autel précédé du cortége ordinaire, avec 7 diacres, 7 sous-diacres, vêtus de tuniques et de dalmatiques, 12 prêtres vêtus de chasubles ; il faisait alors les saintes huiles ; la messe était célébrée immédiatement après par lui ; l'hostie était, après la consécration, placée par lui dans l'armoire aux reliques avec un cierge du trésorier allumé devant, jusqu'au lendemain. Après la messe, l'évêque en aube et mitre blanches, lavait le maître-autel, avec deux prêtres en aube, le diacre et le sous-diacre, tous les gens du chœur assistaient.

Le même cérémonial a lieu pour l'autel de la crypte, Après le dîner, les *matricularii* frappent trois fois avec les maillets dans la tour ; on se réunit au chapître ; l'évêque lave les pieds du doyen, des archidiacres et autres dignitaires, le doyen ceux de l'évêque et des chanoines, le bedeau (hostiarius) ayant fait chauffer l'eau apportée dans un bassin de l'évêché. Le diacre de semaine lit alors l'évangile de la veille de Pâques sur un pupitre au milieu de la salle capitulaire, avec le cortége ordinaire, porte-croix, enfants, etc. Après cela, les domestiques de l'évêque posent des nappes (mappas) sur les genoux de chacun des assistants en remettant à chacun un gâteau (*gastellum*) de la communauté ; ils offrent également le vin dû par l'évêque qui bénit et goûte ensuite le pain et le vin en mémoire de la Cène. Les restes sont portés à l'hôpital de Saint-Etienne, les *matricularii* ayant pour eux une part du vin. L'évêque rentre alors chez lui avec ses clercs et il est distribué aux chanoines résidents 18 *nummos* de la communauté, qu'ils soient présents ou non. Les mêmes fournitures sont dues même quand l'évêque est absent.

Feria sexta.

Le vendredi saint, les *matricularii* doivent aller réveiller les chanoines de porte en porte avant les

matines. L'office commençait à l'heure de sexte ;
l'évêque présent, en aube, dalmatique noire.

A la lecture de la Passion, au passage « partiti sunt
vestimenta ejus » deux acolytes déchiraient deux
amicts placés de chaque côté de l'autel. Après les
oraisons, l'évêque allait mettre une chape rouge et
revenait en mitre et avec bâton, prendre place dans la
stalle de l'archidiacre ; deux acolytes, pieds nus,
allaient, suivis de deux sous-diacres en chappe, lente-
ment chercher derrière l'autel, la croix recouverte
d'un voile ; arrivés devant l'autel, ils levaient la croix
en l'air et les *matricularii* enlevaient le voile ; l'évêque
le déposait alors sur un linge de lin blanc et, laissant
deux enfants à côté, revenait à son trône pendant la
cérémonie de l'Adoration ; les deux sous-diacres et les
acolytes recevaient chacun deux deniers sur l'offrande.
En même temps le sacristain portait une autre croix
à la chapelle de Saint-Louis pour le peuple. Après,
l'évêque remettait la croix à sa place, puis en chasuble et dalmatique, récitait le *Confiteor* à l'autel ; deux
enfants en chappes rouges allaient chercher à l'armoire
aux reliques, la patène, le calice et le vin non consa-
cré, déposés la veille ; l'évêque communiait en
silence.

Sabbato sancto Pasche.

Le samedi les *matricularii* décoraient l'église de
courtines, préparaient le cierge pascal dans le chœur ;
trois coups de maillet sur les cloches annonçaient

l'office ; on n'allumait qu'après la bénédiction et le feu apporté au cierge pascal.

Die sancto Pasche.

Le jour de Pàques, pendant le chant du verset de la 3ᵉ leçon, un enfant vêtu de blanc, se plaçait à chaque extrémité de l'autel comme les anges au sépulcre, et voilés ; par la droite du chœur, pour rappeler les saintes femmes entraient trois diacres en dalmatiques blanches, avec l'encensoir, la croix, les palmes, deux cierges et une torche. Après, les enfants de chœur enlevaient le voile blanc qui recouvrait l'autel comme un linceuil et criaient : « J.-C. est ressuscité. » Le sous-chantre le répétait, puis tous les gens du chœur et les trois diacres retournaient à la sacristie. Avant la messe on allait processionnellement et avec des palmes chercher l'évêque dans son palais, et il y était ramené de même. « In hoc die, dit le texte, et dantur laudes episcopo, ministri habent denarios. »

Les trois fêtes suivantes, on sonne comme aux fêtes doubles ; le ciboire est sur l'autel, toutes les lampes allumées.

Le lundi au matin, sonnerie en volée ; le chapitre se rendait à Saint-Memmie avec les chanoines de la Trinité et de Notre-Dame ; en passant à la porte Saint-Jean, deux sous-diacres chantaient : « Salve festa dies! » Et en entrant dans le chœur de Saint-Memmie, le sous-chantre entonnait : « Christus resurgens! » Le chanoine de l'abbaye venait chercher l'évêque à la porte, et il célébrait la messe, assisté par son chapelain et par l'abbé. L'offrande appartient à l'évêque ; s'il l'accepte, son chapelain en profite, s'il la refuse, elle passe aux chanoines de Saint-Etienne qui officiaient ce jour ; l'abbaye devait aux chanoines de Saint-Etienne 11 sols, dont 12 deniers pour ceux de la Trinité. Retour après la messe.

Feria tertia ebdomade Pasche.

Le mardi après sexte, on se rendait de même processionnellement à l'église Saint-Jean et on chantait la messe sans tenir le chœur. Le chapitre recevait pour cette station 6 septiers 1/2 de vin : Et pour ce **vin,** voici l'usage observé ; nos servants entrent dans le cellier de l'abbaye de Saint-Pierre, on leur donne **un** pain, ils goûtent à tous les tonneaux et choisissent le meilleur. »

Feria quarta ebdomade Pasche.

Le mercredi, après sexte, la procession se rend **à** l'abbaye de Saint-Pierre où les moines reçoivent l'Evêque comme on fait à celle de Saint-Memmie ; il chante la messe avec les semainiers. L'abbé **donne** pour ce 10 sols au chapitre.

Feria quinta Pasche.

Le jeudi, la procession va à Notre-Dame ; le chapitre de cette église doit pour ce 1/2 muid de vin.

Feria sexta Pasche.

Le vendredi, la procession va à Saint-Alpin ; redevance 6 septiers 1/2 de vin.

Sabbato in albis.

Le samedi, la procession va à Saint-Germain ; même redevance.

Dominica in albis. — Ebdomade post octabas Pasche.

— IV Dominica post octabas Pasche. — Officium de Rogationibus.

Le premier jour des Rogations, les chanoines de Saint-Etienne, de Notre-Dame et de la Trinité réunis dans le chœur, toutes les cloches étaient sonnées en volées. Deux enfants de la cathédrale et un de Toussaint, portant chacun une croix, se plaçaient devant le maître-autel ; derrière eux trois curés en chappe, tenant les reliques ; celui de la Trinité, au milieu, le bras de Saint-Vincent ; celui de Saint-Alpin, à droite, le reliquaire des Apôtres ; celui de Saint-Germain, à gauche, la châsse de Saint-Remi ; après le chant du Parce, on sortait avec les bannières pour aller en procession à Saint-Pierre, les cloches de Saint-Alpin et de Saint-Germain carillonnant au passage ; si le cortége suit la rue Notre-Dame, on entrait pour chanter une antienne dans l'église ; on célébrait la messe à l'abbaye.

Le second jour, même cérémonie en allant à Saint-Memmie par la rue du Marché ; à l'église de l'abbaye, on célébrait la messe en mémoire des saints Pierre, son patron, Memmie, Donatien et Domitien.

Le troisième jour, messe à la cathédrale, tous les chanoines en aube, pendant laquelle arrivaient les chanoines de Toussaint et de Saint-Memmie, et les moines de Saint-Pierre ; derrière les trois susdits, se tenait en outre cette fois, un chanoine de la cathédrale, en chappe rouge, « ferens sanguinem sancti Stephani extentum desuper pallio de serico in quatuor lanceis colligatum. » Puis procession à Saint-Sulpice, à Toussaint, à Notre-Dame où l'on chante les litanies, les chanoines de Toussaint étant restés à leur monastère. De là les religieux de Saint-Pierre et de Saint-Memmie retournent directement chez eux

Vigilia Ascensionis.

Le jour de l'Ascension, après la messe, procession avec les chanoines de la Trinité, précédée de trois croix et du porteur du sang de Saint-Etienne ; elle sort par le grand portail, gagne le cloître par la grande rue et la porte près des Loriniers, en ressort par la rue contre les remparts, et revient au grand portail.

Dominica post Ascensionem. — In octaba Ascensionis. — In vigilia Pentecostis. — Sabbato Penthecoste.

La veille de la Pentecôte, le doyen devait aviser pour qu'il y ait sermon au chapitre.

Le jour de la fête, 5 diacres et 5 sous-diacres venaient recevoir l'évêque, « cui laudes dantur, denarii ministris suis. » Prévenus par les soins de l'évêque, les chanoines dinaient à sa table.

Feria secunda Penthecoste.

Le lundi de la Pentecôte, après la messe, le chapitre

et le clergé se rendaient en procession par le portail de la grande rue, où attendent les chanoines de Toussaint, portant le reliquaire de Saint-Lumier, que le doyen encense et asperge et que les chanoines de Saint-Etienne ramenaient dans la cathédrale en le portant sur leurs épaules ; ils portent ensuite le reliquaire de Saint-Louvent ; les archidiacres « cum quibusdam personnis » prennent celui de Saint-Alpin en sortant par la porte de Loriniers et se rendent à Saint-Pierre. Pendant ce temps, les *matricularii* préparent les échaffaudages pour placer les reliquaires. La procession se rend de Saint-Pierre, où elle prend les reliques de saint Elaphe, à Saint-Memmie où l'on prend celles des SS. Memmie, Donatien et Domitien, et revient à la cathédrale après une station sur le pont de Naud, où le doyen encense et asperge chacune des huit châsses ; on passe par la rue des Frères-Mineurs en entonnant le *Te Deum*, celle des Murs et on rentre par le grand portail où l'évêque encense et asperge chaque relique. Celle de saint Memmie et de ses compagnons est placée à droite, saint Alpin au milieu avec les deux châsses de la cathédrale, SS. Lumier et Elaphe, à gauche ; 12 cierges sont allumés au grand pupitre. Les offrandes de SS. Memmie et Alpin, appartiennent au trésorier de Saint-Memmie qui doit la nuit offrir au sacristain et aux *matricularii* de la cathédrale un repas « de carnibus arietinis, postea pastillos de pullis cum vino sufficienti ; ultimo vinum barrense cum pannis de giraudello vel de durello. »

Il doit encore à chaque autel de la cathédrale « quinque pecias candelarum et octoginta episcopo. » Après vêpres, la procession ressort par les portes de droite et de gauche, se réunit « ante sanctos » et rentre immédiatement (1).

Feria tertia Penthecoste.

Le mardi de la Pentecôte, pendant la messe, les chanoines de Saint-Memmie et les moines de Saint-Pierre, viennent chanter devant leurs châsses ; les châsses de la cathédrale sont remises en place et la procession sort avec celles de SS. Lumier, Elaphe, Memmie, Domitien et Donatien ; elle se rend d'abord à Toussaint, puis à Notre-Dame, où les chanoines font faire le tour de leur cloître à la châsse de Saint-Memmie. De là, les religieux de Saint-Pierre et de Saint-Memmie retournent directement à leurs monastères respectifs.

Feria quarta Penthecoste.

Feria quinta.

Sabbato ebdomade Penthecoste.

Le samedi, après vêpres, les chanoines de Saint-Etienne avec ceux de la Trinité vont en procession à cette dernière église.

---

(1) On remarque que l'Usuaire ne mentionne pas le port des baguettes blanches à la procession des châsses. Cependant l'*Ordinaire* de Toussaint dit formellement que ce jour on encense et asperge les châsses « et baculos. »

Sabbato Trinitatis ad vesperas.

Sabbato post Trinitatem.

Ordo dominicarum post Trinitatem, 1 à XXIII.

De ordine hystoriarum.

Des calendes d'août aux calendes de septembre, on lit les livres de Salomon, les paraboles du même, les livres de Sagesse, l'Ecclésiaste. De septembre à octobre, les livres de Job, celui de Tobie. D'octobre à novembre, les Machabées. De ce terme à l'avent, Ezechiel et Daniel.

A la Saint-Remy, au commencement de la semaine, on allumait un cierge de 4 liv. 1/2 ; il était dû à chacune des deux fêtes du saint par le trésorier du chapitre, lequel recevait pour ce, des préposés aux prébendes de Jâlons, 50 deniers, dont les *matricularii* ont 4 deniers pour ces cierges. Pendant la messe, on disposait le reliquaire du saint sur l'autel, et après, l'officiant bénissait le peuple avec. Il en était de même à toutes les fêtes des saints dont la cathédrale possédait des reliques.

Feria quando debent fieri synodus.

Le second dimanche après la Saint-Remy d'octobre, ou le 4ᵉ après, « Domini misericordia, » ou encore à la volonté de l'évêque, celui-ci tenait en synode. Ce jour on sonnait plus tôt. Les *matricularii*, après sexte, préparaient le siége de l'évêque et des archidiacres ; pour ce, le prélat leur devait un repas et les archidiacres le vin ; puis ils sonnaient trois coups. Le doyen de la chrétienté de Châlons préparait les siéges des doyens ruraux. Cela terminé, l'évêque en chappe, aube, étole, mitre, sortait de la sacristie avec les archidiacres, vêtus de chappes et entrait au chœur ; les doyens ruraux étaient en aube avec étoles ; après eux venaient ensemble les prêtres et les clercs. On chantait l'*Exaudi*, les litanies ; un diacre en dalmatique, avec la croix et les enfants, venait recevoir la benédiction épiscopale et lisait l'évangile du jour. Après quelques autres prières, l'évêque prenait la parole pour exposer la question à traiter ; il donnait à la fois quelques conseils de conduite aux curés, disait des oraisons pour les rois, pour le repos des âmes de ses prédécesseurs, des chanoines et pour l'église, excommuniait les paroissiens « malefactores », donnait l'absolution, la bénédiction et on chantait le *Te Deum*.

Sancti Andree apostoli.

In natali S. Eligii episcopi et confessoris.

Sanctorum Crisanti et Darie.

S. Nicholai confessoris.

S. Sanctorum Fusciani sociorumque ejus.

S. Lucie martyris.

S. Nichasii martyris sociorumque ejus.

In Translatione S. Memmii.

In Natali S. Thome apostoli.

S. Felicis in pineis.

S. Sulpicii, episcopi et confessoris.

S. Antonii confessoris.

SS. Fabiani et Sebastiani.

S. Agnetis.

De Sancto Vincentio, martyre.

A la Saint-Vincent martyr, l'abbé de Toussaint avec quelques-uns de ses chanoines, devait assister à vêpres ainsi que tous les abbés du diocèse, sauf celui de Trois-Fontaines qui ne possédait aucun bénéfice relevant du chapitre. Pendant le chant, le prêtre de semaine déposait sur l'autel le bras du saint. Après la messe, il y a procession en chappes, dirigée par l'abbé de Toussaint au palais épiscopal, où l'évêque la reçoit assis entouré des abbés. Le doyen et le semainier lui présentent l'aspersoir et le diacre l'encense ; le sous-diacre lui fait baiser l'évangéliaire ; on revient alors et on se rend à la crypte. Ce jour-là, l'évêque a les honneurs et les officiants l'argent des offrandes.

De conversione S. Pauli. — In octaba S. Vincentii. — De purificatione beate Marie.

A la purification de la Vierge, le sacristain en surplis, remettait dans le chœur, un cierge à chaque assistant, — ceux de l'évêque et des dignitaires plus grands que les autres — et il y avait procession au cloître avant la messe. Pour toutes les fêtes de la Vierge, le semainier devait, avec cinq prêtres, dire la messe à Notre-Dame, et chacun recevait des chanoines de cette église 12 deniers.

De S. Blasio, martyre.

S. Agathe, virginis.

De octaba purificationis beate Marie.

S. Juliane, martyris.

In cathedra S. Petri.

S. Mathei, apostoli.

S. Gregorii, pape.

S. Benedicti, abbatis et confessoris.

In annuntiatione dominica.

Après tierce on fait une station devant la Vierge de crypte et on y dit la messe : *Rorate.*

Ordo sanctorum ab octabis Pasche ad Penthecostem.

Post Pascham plures martyres.

A la Saint-Marc, après sexte, les chanoines de la Trinité, de Toussaint et de Notre-Dame en chappes noires, avec deux enfants de la cathédrale, et un de Toussaint portant des croix, se rangeaient devant le maître-autel, puis les trois curés : celui de la Trinité tenant le bras de saint Vincent, celui de saint Alpin le reliquaire des Apôtres, celui de saint Germain la châsse de saint Remy ; la procession passait par la rue de Saint-Alpin, les cloches de cette église et de celle de Saint-Germain carillonnant, puis gagnait Saint-Memmie où en chantait la messe.

SS. Philippi et Jacobi, apostolorum.
De Translatione S. Alpini.

Même décoration de l'autel que pour l'office de saint Étienne ; le curé en chappe, apporte les reliques du saint sur l'autel. Si la fête tombe un dimanche, on va avec 3 diacres, 3 sous-diacres, porte-croix, etc., à l'évêché et on revient en passant processionnellement dans le cloître, puis à la crypte avant de rentrer au chœur.

De inventione Sancte Crucis.

De Translatione S. Nicholaï, confessoris.

S. Barnabe, apostoli.

De S. Antonio, confessore.

S. Victi, martiris.

Vigilia Johanni Baptiste.

SS. Johannis et Pauli martirum.

In navitate Pome virginis (1).

In vigilia Petri et Pauli, apostolorum.

De translatione beati Martini.

S. Margarete virginis et martiris.

S. Margareté virginis et martiris.

S. Marie Magdalene officium.

S. Jacobi, apostoli (sic).

(1) Pas d'office particulier.

.Après la messe, « benedicte pome et distribuuntur canonicis et aliis qui sunt in choro. »

S. Germani, episcopi et confessoris.

S. Petri ad vinculos.

De inventione beati Stephani.

Le prêtre dépose les reliques sur l'autel, puis aux vêpres assistent l'abbé de Toussaint avec 2 ou 3 chanoines de la Trinité et de Notre-Dame, et tous les abbés du diocèse sauf celui de Trois-Fontaines. A la messe, l'abbé de Toussaint vient en procession avec ses chanoines. A la messe, les abbés précèdent l'évêque, qui doit célébrer l'office ; le chœur est tenu à droite par l'abbé du Der, à gauche celui de Saint-Urbain, lequel en cas d'absence du premier prend sa place et est remplacé par celui de Saint-Pierre « quod hec abbatie antiquiores sunt aliis. » L'évêque doit *nummos* aux officiants et ne reçoit pas les *laudes*.

In natali S. Memmii.

Le chapitre allait chanter les vêpres à l'abbaye ; puis, rassemblé dans la salle capitulaire « Sumimus poculum charitatis »

De transformatione domini.

S. Domiciani, episcopi et confessoris.

S. Laurencii, martyris.

De octaba S. Memmii.

S. Ypoliti sociorumque ejus.

Vigilia Assumptionis. Procession à Notre-Dame.

De Assumptione beate Marie.

S. Menietis ? martyris.

S. Elaphii episcopi et confessoris.

De octaba beate Marie.

S. Bartholemei, apostoli.

Au premier coup de vêpres, on apportait deux cierges des deux portes de la ville, un troisième du grenier (*horreo*) de l'évêque, chacun de deux livres et demi.

S. Augustini episcopi et confessoris.

In decollatione S. Johannis Baptiste.

S. Lupi, episcopi et confessoris.

In natali S. Alpini, confessoris.

L'abbé de Toussaint avec 2 ou 3 chanoines aux premières vêpres ; avant tierce, il arrive en procession avec son clergé ; présents aussi ceux de Notre-Dame et la Trinité, en chappes.

Pas de rémunération aux officiants.

De adventu coste beati Stephani. Même cérémonial.

Dominica infra octabam navitatis beate Marie.

De exaltatione sancte crucis.

In natali S. Eustachii, martyris, sociorumque ejus.

De S Matheo apostolo.

S. Mauricii, sociorumque.

De inventione beati Vincentii.

In solempnitate sanctorum archangelorum.

In translatione beati Remigii.

Au coup de vêpres, on allume un cierge fourni par le prieur de Jâlons, et il doit brûler jusqu'au lendemain après complies.

De S. Francisco, confessore.

De S. Dionisio, martire.

In adventu cubiti beati Stephani.

S Bercharii, abbatis et martyris.

S. Luce, evangeliste.

In natali S. Lupencii.

In dedicatione ecclesie.

Tous les abbés du diocèse, présents, sauf celui de Trois-Fontaines. A vêpres, les chanoines des deux collégiales. Le lendemain de même à la procession et à la messe, en allant chercher l'évêque à son palais.

Dominica infra octabam Dedicationis.

SS. Symonis et Jude apostolorum.

De S Quintino.

De omnibus sanctis.

De Octaba Dedicationis ecclesie.

De octaba omnium sanctorum.

De dominica in octaba omnium sanctorum.

In octaba omnium sanctorum

De S. Martino, episcopo et martire.

De dominica in octaba S. Martini.

S. Cecilie virginis et martiris.

S. Katherine, virginis et martiris.

S. Donati, confessoris.

II.

Hec sunt consuetudines ecclesie Cathalaunensis
ab antiquis temporibus constitute vel modernis inter
canonicos suos. Episcopo licet quolibet de canonicis
educere secum de civitate et sic, ubi fuerit opus illi
potest eos mittere, et dum in ejus obsequio fuerint,
habebunt redditus ecclesie. Si quis autem canonicus
cum episcopo non commonitus exierit, vel si presul
extra civitatem repperiens eum commonuerit, quantum
pertinat ad ecclesie redditus comitatus episcopi
non proderit. Omnes tamen a subdyaconatu et supra
possunt exire quindecim diebus. Et in hoc spatio
nihil perdent de suis redditibus. Porro si foris habent
prebendas et ad illas exeunt dum abfuerint ecclesie
Cathalaunensis denarios non habebunt, nisi contingat
eorum septimanam fieri pro illis, vel de choro vel de
ministerio altaris, quia tunc illius septimane fructus
eis redduntur, sicut et dum faciunt hanc septimanam
qui plus quam quindecim diebus extra spatiantur.
Sed et omnes isti nihilominus habebunt redditus diei
quo recedunt vel quo redeunt, si dum dies fuerit,
antequam nox incipiat veniunt. Clericis nundum subdyaconis exeuntibus dum foris sunt non redditus
ecclesie fructus, ipsos etiam denarios non habebunt
illi qui ipso die post eorum vel ante reditum fuerint
divisi, et si sine licencia prepositorum suorum exierint
cum redierint debent verberari. Sciendum quoque est
quod si quis canonicus consilio capituli propter res

ecclesie missus foris fuerit, licet habeat ibi preben-
dam, si peracto negocio capituli redierint. Ceterum si
propter utilitatem propriam causabitur ibi diutius
stetisse, quidquid inde responderint fratribus stabit in
ipsius veritate. Preterea si stationarii foris morantes
infirmaverint et ità ne redire possunt aggravantur,
donec convaluerint de beneficiis ecclesie solatiabun-
tur. Pueris non datur licencia extra progredient ad
scolas alii in civitate vel ad scolas vel ad suffragia
sanctorum salvis redditibus eorum possunt ire, non
tamen omnes ...... sed quibus benevolentie capituli
placuerit hoc concedere. In aliis ecclesiis ecclesiasticos
honores habentibus ubicumque progrediantur, redditus ecclesie Cathalaunensis non debentur. Quippe de
forasticis est constitutum quod nisi dimidium annum
peregerint in ecclesia domino servientes, antequam
fiat computatio summaque ipsius annone, nulla portio
dabitur illis de annona, licet adsint presentes in com-
putatione ipsa. Si vero dimidiaverint annum vel
continuo vel ceteris intervallis ecclesie deservientes,
ante summe computationem, licet desint tempore com-
putationis, habebunt tamen annone suam portionem.

Honestis veterum institutis in negligentiam apud
nos et contemptum cadentibus, dampnis quoque rerum
temporalium non mediocriter imminuti decrevimus,
tactisque sacrosanctis evangeliis firmavimus bonas et
antiquas consuetudines ecclesie nostre eas precipue
que scripto tradite sunt, et apostolico sigillo roborate
salvo in omnibus honore et jure episcopi nostri et

omnium prelatorum nostrorum pro posse nostro et
tempore nos deinceps observaturos et que vel nobis,
vel hominibus nostris aufferentur, studiose et fideliter
requisitum, ne aliquis de ablatis nisi forte vicesimam
partem aliquatenus ulli ? relaxaturos. Decetero si
aliquem fratrum et canonicorum nostrorum a quolibet
injuste gravari contigerit omnes unanimiter pio et fra-
terno amore eum adjuvabimus.

In nomine sancte et individue Trinitatis, notum
facimus tam presentibus quam futuris quod nos marrenciis frequenter in ecclesia nostra contingentibus tale
remedium adhibemus; constituimus siquidem quod si
aliquis ex fratribus nostris in ebdomada evangelii vel
epistole aut chori marrentiam fecerit, pro qualibet
marrantia duos solidos eodem die persolvet ad fabricam
ecclesie deputatos. Et si in eadem septimana secundam
marrenciam fieri contigerit preter penam pecuniariam
aliam septimanam integram post illam perficiet. Et si
in ebdomada iterata secundo marrentiam facta fuerit,
constitutio que de prima septimana per ordinem contingentibus observabitur. Quod si forte septimane
simul concurrerint, tunc si canonicus requisitus in
veritate capitulo responderit quod nec precibus nec
commutatione vel alio modo absque donatione pecunie
marrentiam devitare potuerit, marrentia propter talem
impossibilitatem contingens in una e duabus septima-
nis dequa capitulo placuerit, ei non imputabitur, nihilominus tamen septimanam in qua marrentia contin-
gerit, secundum possibilitatem suam perficiet, et de

aliis marrenciis post modum in ea contingentibus sicut
supra dictum est aut punietur aut respondebit simile
judicium observabitur quando ebdomadarii nostri in
ecclesia de Vallibus et in nostra officium simul implere
tenentur, pena vero pecuniaria , si in ea die qua mar-
rencia continget a canonico vel ejus preposito soluta
non fuerit ebdomadarius presbyter sequenti die a
divinis cessabit, et quamdiu a solutione canonicus
cessaverit, donec totum ab eo solutum fuerit in
capitulo satisfactum, tamquam excommunicatus a
choro et capitulo repellet. Ut antem hec constitutio
perpetuum robur obtineat ipsam per excommunica-
tionem presente venerabili patre nostro G. Cath.
episcopo confirmavimus, addentes etiam quod si aliquis
ex concanonicis nostris presentibus et futuris huic
constitutioni contradixerit, nos cum eo nec in choro
nec in capitulo remanebimus, sed eum tamquam
excommunicatum devitabimus. Actum anno domini
M° CC° VII° mense novembri.

Rubrica de pastibus.

L'évêque devait aux chanoines de Saint-Etienne
dix-huit repas par an, de 10 sols chacun, savoir : Noël,
veille et jour de la Circoncision, Epiphanie, Purification de la Vierge, Pàques, Invention et exaltation dé
la Croix (1), Ascension, Pentecôte, Nativité de Saint-

(1) « In inventione sive exaltatione sancte Crucis episcopus si
inventus fuit in civitate in qualibet earum sive in prima, sive
in secunda debet canonicis X solidos pro pastu semel in
anno. »

Jean-Baptiste, Passion des Apôtres, Saint-Laurent, Assomption, Nativité de la Vierge, Saint-Michel, Toussaint, Saint-Martin d'hiver, Saint-André.

Rubrica de candelis.

Le trésorier doit à chaque prébende et au chapelain de la croix une aulne de chandelles « ad completorium que sunt de grosso fructu prebende. » Le doyen en reçoit deux, — à chacune des fêtes de Noël, Nativité de Saint-Etienne, Octave de Noël, Epiphanie, Nativité de Saint-Vincent, Quinquagésime, Purification, Pâques, Ascension, Pentecôte, Invention de Saint-Etienne, Nativité de Saint-Alpin, Dédicace, Toussaint. On partage en deux parts pour le lendemain de la Toussaint et de la Quinquagésime. (Règlement du 8 juillet 1508).

———

III.

Les indications suivantes ne se trouvent pas dans le manuscrit de la bibliothèque de Mgr l'évêque de Châlons, mais seulement dans celui du chapitre.

Autels de la cathédrale :

Sainte-Marie-Madeleine à l'entrée du chœur à droite.

Notre-Dame, dans la crypte.

S. Jacques.

S. Louis.

S. Laurent.

S. Barthélemi.

S. Eustache, près de la crypte.

Ste-Croix.

S. Memmie.

Les chanoines de la Trinité, Notre-Dame, Toussaint, les moines de Saint-Pierre, les Frères Mineurs et Prêcheurs assistaient aux processions « pro utilitate » — aux enterrements des chanoines de la cathédrale, — ceux-ci allaient également aux obsèques de leurs susdits confrères ; — aux secondes vêpres de Noël ; — aux processions des rameaux, châsses, lundi de Pâques, S. Marc, Rogations, SS. Pierre et Paul, Dédicace.

Réglement donné en 1247 par le chapitre de Saint-Etienne à celui de Notre-Dame en Vallée.

Si quelqu'un des chanoines faisait marrande aux matines, à la messe ou à vèpres, pour chaque heure d'absence il paiera 3 deniers à la fabrique de Notre-Dame ; s'il n'acquitte pas l'amende immédiatement, elle doit être retenue au premier jour de distribution des prébendes sans qu'il ait à l'autoriser.

Pour recevoir l'évêque, il devait y avoir trois porteurs de croix.

Les deniers étaient distribués après l'épitre.

Le diacre baisait l'Evangile par desssus.

L'offrande appartenait au chapelain de l'évêque, quand ce dernier officiait, sinon aux officiants.

Les cierges appartenaient au trésorier de Saint-Etienne.

L'enfant qui recevait la patène, portait le chaperon de la chappe par devant et stationnait dans le chœur sur une mosaïque représentant un lion.

Le sacristain n'approchait de l'autel qu'en surplis.

Aux messes solennelles, l'évêque bénissait à *l'Agnus Dei*.

Avant nones « spes mea » était chanté :

A la septuagésime, par le chapelain de l'évêque ;

A la quinquagésime, par le doyen de Saint-Etienne.

A la Quinquagésime, par le maître-prévot (magister prepositus);

Le 1er dimanche de carême, par le chantre de Saint-Etienne ;

Le 2e dimanche de carême, par le curé de Thibie.

Le 3e dimanche de carême, par le curé de Saint-Amand.

Le 4e dimanche de carême, par le curé de Jaalons. Chacun devait après nones « poculum karitatis » aux chanoines (1).

(1) On trouve souvent aussi à l'indication des fêtes dans le manuscrit du Chapitre ; « bibimus in capitulo », et en marge d'une écriture moins ancienne : « non bibimus. »

IV.

Nous terminerons en relatant quelques notes prises dans un autre manuscrit, intitulé : « Ordinaire de l'abbaye de Toussaint en l'Isle », manuscrit en parchemin, petit in-folio, de 115 feuillets, à deux colonnes, du XIVe siècle, cité dans le tome IV de Dom Claude Le Long, avec additions postérieures.

Chapelles : SS. Michel, Juvin, Louis, Honoré, Notre-Dame, et Ste-Marguerite. Plus la chapelle de Saint-Michel sur la côte de ce nom, vers la route de Troyes, ruinée au XIVe siècle.

Obituaire :

Janvier 27. Roy II évêque, fondateur, avec lavement de pieds.

Février 14. Cardinal de la Rochefoucauld, mort en 1645.

       19. Gui de Fagnières, chevalier.

Mars   5. Guillaume, évêque de Toul.

      ». Guillaume, abbé de Toussaint.

      19. Claude Godet, abbé de Toussaint, lavement des pieds.

      16. Marie de Vésigneul, légateur de 1500 liv.

Avril   22. Gilles de Recy.

Juin   22. Gilles, chanoine de Reims et de Châlons.

Juillet 21. Famille Vatron.

      22. Mme Guédon, morte en 1689.

Août   4. Jean Lambesson, abbé.

          12. Isabelle de Sorcy, veuve Lambesson.

          17. M. Guedon.

          20. Hugues de Pistes.

Septre.   1 . Philbert Godet, Jeanne Lambesson, sa femme et leur famille.

          7. Jean, évêque, mort en 1350.

          ». Les défunts de l'abbaye.

          16. Famille Gallois.

          17. Les bienfaiteurs de l'abbaye.

          18. Pierre Romain Pingault, bourgeois de Châlons, mort en 1738.

          22. Nicolas de Fagnières, écuyer.

          27. Remy d'Ambonnay.

          29. Jean Gallois, seigneur de Coolus.

Octobre 9. Mme Guedon.

          5. Jacques le Chandelier, bourgeois.

          22. Rachel le Picard, dame de Breuvery.

          24. Enoch de Troarn, avec lavement de pieds.

Novemre 4. Le père Faure, mort en 1643.

          10. Jean Robert.

          29. Jean Talon, intendant de la Nouvelle-France.

          28. Adolphe Gallois, trésorier de Saint-Etienne.

Décemre 2. Mme Vatron.

Les premiers feuillets du manuscrit renferment des recommandations générales sur la tenue matérielle et morale de l'abbaye, on y trouve un passage sur le devoir de supporter les admonestations « quando necessitas discipline moribus coercendis dicere vos verba dura compellit. »

Une grande pompe était observée pour l'anniversaire de l'évêque Roger II ; « paramonarius preparat altare majus cultioribus ornamentis, cruces ponit et cereos fronte feritur et tabulam discoperit, tumbam ejus scopis mundat et extergit ; pallium super ponit, quatuor candelabra cum cereis eregit.

« Cum evangelium lectum fuit, Elemosinarius qui pro tempore fuerit, ab ecclesia exeat et preparat aquum calidam, lavandis pedibus pauperum et manibus, manutergia, vasa ad recipiendam aquam ; de ablutis pedibus mapulas mensis super poni faciat cibaria, videlicet panes, lagunculas plenas vino. » Après la messe, à un coup de cymbale, la procession se rendait dans la salle capitulaire.

Pour le jour des Cendres, après les vêpres, le prieur ou le semainier préparait un repas, et les religieux venaient au réfectoire, au coup d'une cymbale, se lavaient les mains et prenaient place. Un lecteur commençait la lecture : « Et fratres interim recubentes et inclinantes capita ministro simant ? corpora sua non tantum deficientibus alimentis impleuntes quam animas suas quas eodem tempore Christo devotius debent commedare vite verbo et aqua sapientie sagitantes. » Quand le prieur voit qu'on a cessé de manger, il frappe deux coups sur la table avec le manche de son couteau et on retourne à l'église pour les vigiles, on va ensuite méditer dans le cloître ; on rentre enfin au réfectoire où l'on boit au signal donné sur la cymbale et à un dernier signal on se rend à complies.

Pendant les offices de la semaine sainte, on se servait, pour les signaux, d'une « tabula lignea ».

Le lundi de Pâques, on encensait les fonts : « Si forsan contigerit quod media pars fratrum minutorum ad vesperas sicut est consuetudo defuerit, non ex debito, sed indulgentia, vadant ad fontes ne forte propter paucitatem suspecti teneamur a populo. »

9 782019 221614